Obwohl die M[illegible]
kannten, wollten [illegible]
und ihm nicht danken.
Aber dem Schöpfer allein gehören doch
Lob und Ehre bis in alle Ewigkeit!
—Römer 1, 21.25

Anbetung pur

■ Warum eröffne ich dieses Quadro mit einem so ernsten Zitat? Um etwas Ermutigendes deutlich zu machen: Wenn Menschen bewusst verlernen können, über Gott zu staunen, dann ist es erst recht möglich, das Staunen über Gott auch bewusst zu lernen. Dir ist wahrscheinlich bereits klar, dass Anbetung nicht dasselbe ist wie Lieder singen. Singen ist nur eine von vielen Ausdrucksformen für unsere Anbetung. In den vier Wochenthemen dieses Quadros versuchen wir, zum Kern vorzudringen. Was also ist nun »Anbetung pur«?

Nach meinem Verständnis ist Anbetung die schöpfungsgemäße Reaktion eines Menschen auf die Offenbarung Gottes. Ich liebe Bibelstellen, in denen beschrieben wird, wie das ganze Volk Israel die Herrlichkeit Gottes sieht und sich auf den Boden wirft, um Gott für seine Güte zu danken. Auch die Sünderin, die zu Jesus kommt und seine Füße mit Öl salbt, reagiert so, weil sie in ihm die Gnade Gottes erkannt hat.

Als musikalischer Mensch bekam ich früh Verantwortung in der Anbetungsleitung – dem Teil, der sich im gemeinsamen Singen ausdrückt – die Leidenschaft dafür habe ich nie verloren. Fast alle Ent-Täuschungen und bedrückenden Erfahrungen haben am Ende meine Bewunderung für Gott verstärkt. Ich vermute, das liegt zum einen daran, dass seine Konkurrenz in Krisen so gründlich entzaubert wurde. Zum anderen erkennt man manche von Gottes Qualitäten erst so richtig deutlich, wenn alles andere in trübem Grau versinkt.

Im Kampf gegen jahrelange innere Abhängigkeit wurde die Gnade Gottes für mich greifbar. In einer hässlichen Gemeindekrise blieb Gott der einzig Vollkommene. In anhaltenden Glaubenszweifeln war Jesus der letzte Halt und gewann in meinen Augen an Größe. Darüber bin ich unendlich froh, denn es hätte auch anders kommen können. Zynismus, innere Distanz und intellektuelle Kontrolle waren immer attraktive Abwege. Das Staunen über Gott hat mich in gewisser Hinsicht gerettet.

Einleitung

■ Wie wird das Staunen über Gott (wieder) wesentlicher Teil und Antrieb meines Lebens? Ich bin auf Entdeckungsreise gegangen, habe meine eigenen Erfahrungen der letzten 20 Jahre Revue passieren lassen und neu mit dem abgeglichen, was ich in der Bibel finde. Das Ergebnis sind die 28 Kapitel dieses Quadros.

Es beginnt mit dem, was du von Gott überhaupt erkennst und wie du über ihn denkst. Damit beschäftigt sich die erste Woche *Kennen*. Danach geht es um deine Entscheidungen: *Wollen*. Was machst du aus deiner Erkenntnis? Du hast die Wahl. Dann die Frage nach dem *Können*. Wenn du willst, was kannst du dann tun? Schließlich geht es ums *Tun* – darum, wie das Staunen über Gott Teil oder sogar Grundmuster deines Lebens werden kann.

Ich habe lange mit dem Denken und dem damit verbundenen frustrierenden Gefühl gelebt, dass geistliches Wachstum kompliziert, mühsam und leicht zerbrechlich ist, dass aber auf der anderen Seite die Finsternis sehr effizient und schnell zum Ziel kommt. Das halte ich heute für einen schwerwiegenden Irrtum. Finsternis ist immer noch nur die Abwesenheit von Licht. Gnade ist immer noch mächtiger als Sünde. Gott überragt alles, was sich seinem Reich entgegenstellt, unendlich weit. Ich wünsche dir, dass du dich in dieser Zuversicht auf den Weg machen kannst, um das Staunen über Gott neu zu lernen.

—Henning Rietz

P.S.: Zu mir: Im Hauptberuf bin ich Informatiker, ehrenamtlich engagiere ich mich in der Leitung des Musikbereichs meiner Gemeinde. Mein Herz gehört neben Gott vor allem meiner Frau Tonja und meinen vier Kindern.

Ich freue mich über dein Feedback unter anbetungpur@familie-rietz.de

Tipps zur Anwendung

■ Dieses Quadro ist in 28 Kapitel aufgeteilt. Du kannst vier Wochen lang täglich einen Abschnitt lesen und umsetzen. Wenn dich etwas besonders berührt, lies es mehrfach.

■ Die Kapitel können fortlaufend oder auch unabhängig voneinander gelesen werden. Allerdings folgt der Aufbau insgesamt einer inneren Logik, so dass die fortlaufende Lektüre wahrscheinlich sinnvoller ist.

■ Manchmal werden Bibelstellen zitiert. Lies den Text im Zusammenhang.

■ Zu jedem Kapitel gibt es Fragen. Nimm dir Zeit, darüber nachzudenken. Ich empfehle dir, die Fragen schriftlich zu beantworten und dir Notizen zu machen, wie du die Handlungsimpulse umsetzen möchtest. Du kannst dafür ein einfaches Notizbuch verwenden oder »Mein Quadro«, das speziell für die Quadro-Serie gestaltet wurde.

■ Selbst wenn dich etwas kalt lässt oder du mit einer Aussage nicht einverstanden bist – geh diesem Impuls nach und frage dich: Warum ist das so?

■ Nimm dir einige Minuten Zeit, um mit Gott oder Menschen über das Gelesene zu reden – dadurch verankert es sich besser.

■ Lies das Quadro gemeinsam mit deinem Partner, Freunden, einer Gruppe und sprecht darüber. Ihr werdet feststellen, dass der eine Stärken in einem Bereich hat, in dem ein anderer Probleme hat und ihr euch gegenseitig unterstützen, Rat geben und helfen könnt.

■ Probiere ruhig mal allein für dich oder mit Freunden neue Formen der Anbetung aus.

■ Wer passiv konsumiert, bleibt passiv. Frage dich nach jedem Lesen: Wenn ich jemandem erzählen würde, was mir der wichtigste Impuls war – was würde ich ihm oder ihr sagen?

■ Wenn du andere in Anbetung führst, kannst du einzelne Impulse zum Einstieg verwenden.

■ Bleib gelassen. Änderungen geschehen nicht von heute auf morgen. Erlaube dir selbst, in deinem Tempo zu lernen und dich zu verändern.

37
Nyborg
38
Nyborg

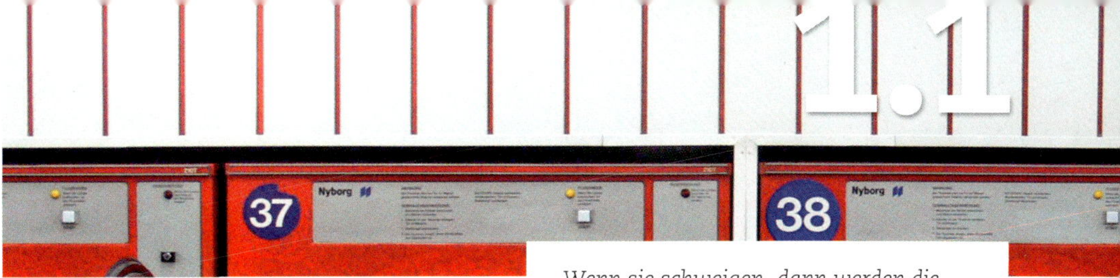

1.1

Wenn sie schweigen, dann werden die Steine am Wege schreien.
—Lukas 19, 40

Was muss, muss

■ Kommst du dir als Christ manchmal etwas exotisch vor? Auf dem Weg zum Gottesdienst siehst du scheinbar nur Menschen, die von Partys zurückkehren oder irgendetwas anderes zu tun haben als sich um das Lob Gottes Gedanken zu machen. In Politik, Wirtschaft und Kultur wird nur selten etwas Nettes über Gott gesagt – im Gegenteil. Die Medienkommentare zu Bildern von Christen, die Gott anbeten, sind meist belustigt, bissig oder bösartig.
In Wahrheit liegen die Dinge genau anders herum. Anbetung ist die normalste Sache der Welt! Gott anzubeten ist so natürlich, dass es geradezu unausweichlich ist. Wie oben zitiert: Wenn die Menschen Gott nicht loben, dann schreien eben die Steine sein Lob in die Welt hinaus. Es gibt Wahrheiten, die müssen laut gesagt, gesungen, geschrien werden. Egal wie es heute – vor allem in Westeuropa – aussieht: Am Ende wird sich jedes Knie beugen und jede Zunge bekennen, dass Gott der Herr ist.
Wenn du Gott liebst und anbetest, tust du also das Richtige. Unsinnig handeln nur die, welche Gott die Ehre verweigern, die ihm gebührt. Es lohnt sich, dass du dir die Selbstverständlichkeit von Lobpreis und Anbetung immer wieder vor Augen führst. Das motiviert entschieden mehr als die falsche Wahrnehmung, nur eine Minderheitenkultur zu pflegen. Ein englisches Lied sagt es sehr treffend: »Ain‘t gonna let no rock outpraise me!« – »Ich werde doch nicht zulassen, dass mich irgendein Stein im Lobpreis übertrifft!«

■ **Denk mal**

Kennst du dieses Was-mache-ich-hier-eigentlich-Gefühl?
War es früher häufiger oder seltener?

■ **Mach mal**

Denk in folgenden Situationen daran, dass Anbetung Gottes das Normale ist: nach dem Fernsehen, in Pausen, in Menschenmengen, beim Einkaufen.

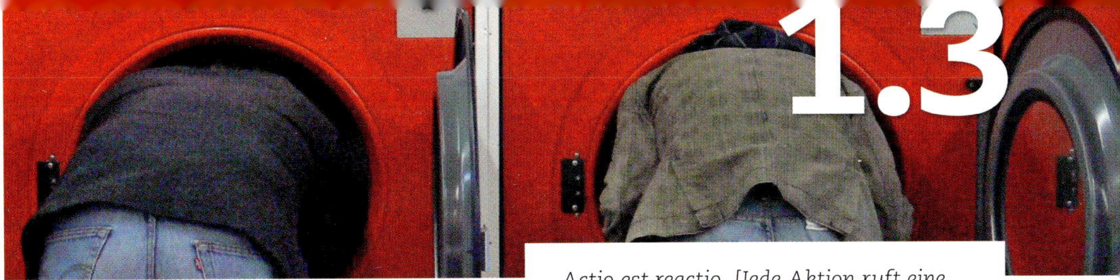

Actio est reactio. [Jede Aktion ruft eine Gegenreaktion hervor.]
— Sir Isaac Newton

Wie du mir so ich dir

»Wir sollten mehr agieren, statt immer nur zu reagieren!« Das hast du vermutlich schon gehört oder selber gesagt. Natürlich gibt es Lebensbereiche, in denen das stimmt. Wenn es aber um die Anbetung Gottes geht, passt es nicht. Echte Anbetung ist immer eine Reaktion auf die Offenbarung Gottes. Das muss nicht immer spontan sein, sondern kann auch auf gutem alten Wissen beruhen.

Ich habe bereits beschrieben, dass man nur lieben kann, wen man auch wirklich kennt. Und in der Beziehung zu Gott läuft bei aller Mühe unserseits ohne Offenbarung seinerseits gar nichts. Wir kennen Gott nur, weil er sich gezeigt hat: in der Schöpfung, in der Geschichte, in seinem Wort, in Jesus, durch seinen Geist in uns. Es ist daher eine sehr gute Angewohnheit, jede neue Erkenntnis oder jede Erinnerung an Gottes Wesen unmittelbar mit Lobpreis und Anbetung zu beantworten. Du kannst dein Reaktionsvermögen in dieser Hinsicht regelrecht trainieren. Schade übrigens, dass hierzulande hörbare Reaktionen während der Predigt wie »Amen!« oder »Halleluja!« kulturell selten akzeptiert werden. Die Idee ist eigentlich ziemlich gut!

Das Leben mit Jesus erfordert gutes Reaktionsvermögen und ein Auge für das, was Gott bereits tut. Wir nennen uns nicht umsonst »Nachfolger«. Das klingt für Pioniere, Visionäre und Macher vielleicht unangenehm, dabei geht es aber nur darum, dass wir Gott niemals einen Schritt voraus sein können. In dem Sinne: Lasst uns endlich mehr reagieren!

Denk mal

In welchen Situationen hast du es schon erlebt, dass du spontan in Lobpreis ausbrechen wolltest?

Mach mal

Reagiere während der nächsten Predigt auf Wahrheiten, für die du Gott loben kannst. Das geht auch unhörbar, Hauptsache bewusst.

14

Wesentlich: Gottes Größe

Gott ist so groß, dass er es wohl wert ist, ihn ein Leben lang zu suchen.
—Teresa von Avila

■ Was ist der wesentliche »Auslöser« für unseren Lobpreis? Worauf reagieren wir mit Anbetung? Vereinfacht gesagt: Es ist Gottes Größe. Wenn wir anerkennen, dass Gott ganz anders ist als wir, dass er »in einer anderen Liga spielt«. Er ist persönlich – ja. Aber er ist nicht unser Kumpel, wir sind nicht auf Augenhöhe mit ihm. Er ist unendlich, allwissend, allmächtig, allgegenwärtig, vollkommen in seiner Liebe. Mit einem Wort: Er ist groß.

Es ist relativ leicht, das aus den Augen zu verlieren. Wenn du in einer Stadt lebst, hast du eher menschliche Leistungen vor Augen als die Majestät der Schöpfung. Für die meisten von uns besteht der Alltag aus vielen kleinen und normalen Dingen, in denen wir Gott nicht direkt erkennen. Gerade deshalb ist deine Anbetung so wichtig, weil sie die Perspektive wieder gerade rückt! Du betrachtest Gottes Größe in seinem Wesen und in seinen Werken und erinnerst dich daran, dass diese Wirklichkeit dich und dein ganzes Leben betrifft und verändert. Das kann bei dir eine spontane Reaktion auslösen, weil du im besten Sinne »betroffen« bist. Und wenn nicht spontan und automatisch, dann eben über eine bewusste Entscheidung. Du kannst Freude und Bewunderung ausdrücken. Oder du stellst dich Gott zur Verfügung. Oder du sprichst ihm dein Vertrauen in einer schweren Situation aus. Oder du äußerst deine Sehnsucht nach mehr und drückst aus, wie sehr du ihn brauchst. Mit all diesen Reaktionen erkennen wir seine Größe an und ehren ihn.

■ **Denk mal**

Behandelst du Gott mit Respekt? Bewegt dich seine Größe? Wie reagierst du?

■ **Mach mal**

Untersuche einmal deine Lieblingsmusik (egal aus welcher Quelle) daraufhin, was sie speziell über Gottes Wesen und Werke sagt.

Einzigartig: Jesus

Was mich unablässig bewegt, ist die Frage, wer Jesus Christus heute für uns eigentlich ist.
— Dietrich Bonhoeffer

Anbetung bringt uns nicht in die Gegenwart Gottes. Jesus bringt uns in die Gegenwart Gottes. Durch ihn sind wir in Gottes Nähe. Er ist der Mittler zwischen Gott und Menschen. Alle Dinge sind durch ihn und für ihn geschaffen. Er ist der Weg, die Wahrheit, das Leben.

Es gibt sicher Überschneidungen in unserem Verständnis von Anbetung mit verschiedenen Religionen. Christen sind nicht die einzigen, die Gott als Schöpfer preisen – logisch. Aber Jesus ist und bleibt einzigartig. Ohne ihn ist kein Leben in Gottes Gegenwart und damit wahre Anbetung möglich! In Krisen ist Jesus oft das Letzte, das einem bleibt, wenn alles andere zweifelhaft scheint. Er ist der beste Ausgangspunkt für die Beziehung zu Gott.

Die Offenbarung, das letzte Buch der Bibel, zeigt das Ziel, auf das wir uns zubewegen. Sie ist nicht leicht zu verstehen und keine entspannte Lektüre. Aber einiges wird deutlich: Wir sehen immer wieder Jesus im Mittelpunkt der Anbetung. Meist wird er wegen seines Opfers und der Erlösung der Menschen gepriesen, dann wieder als König der Könige verherrlicht. Wenn das am Ende der Zeiten so sein wird, dann wird es jetzt wohl auch richtig sein.

Wenn du jemand bist, der andere durch Musik und Gesang in die Anbetung leiten will, dann achte darauf, dass Jesus in den Liedern eine Rolle spielt. Das lässt sich auch auf die Zeiten übertragen, wo du allein mit Gott bist. Dort wo du Jesus ins Zentrum der Anbetung stellst, gewinnt sie an Tiefe und Gehalt.

Denk mal

Hast du Lieblingsthemen in der Anbetung? Den Vater? Jesus? Gott? Wie wichtig ist Jesus für dich?

Mach mal

Gestalte einmal privat eine »Jesus-Anbetung« ausschließlich mit Liedern (alt oder neu, selbst gesungen oder von CD), die ihm gewidmet sind.

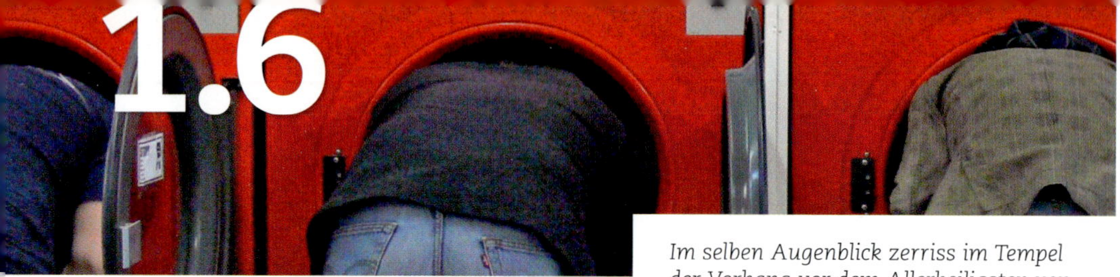

Im selben Augenblick zerriss im Tempel der Vorhang vor dem Allerheiligsten von oben bis unten.

—Markus 15, 38

1.6 Entscheidend: Das Kreuz

■ Der trennende Vorhang zerriss, als Jesus am Kreuz starb. Die Veränderung könnte kaum größer sein: Der Zugang zur Gegenwart Gottes ist geöffnet. Du darfst durch Jesus direkt zu Gott kommen! Vor der Kreuzigung Jesu durfte nur der Hohepriester des Volkes Israel das Allerheiligste betreten und auch nur einmal im Jahr nach intensiver Vorbereitung, Opfern und Reinigung.
Für unsere Anbetung ist das ein entscheidender Unterschied, den wir nicht aus den Augen verlieren dürfen.
Manche Autoren und Referenten beschreiben das »Tempelmodell« der Anbetung: Wir betreten den »Vorhof« mit Dank und schreiten dann durch mehrere Phasen bis zum »Allerheiligsten«, der eigentlichen Anbetung, voran. Dieses Modell ist nur dann hilfreich, wenn man dabei an das menschliche Erleben in einer längeren Zeit der Anbetung denkt. Wir brauchen oft so eine Art »Aufwärmphase«, bis wir uns in der Gegenwart Gottes fühlen. Die unsichtbare Wirklichkeit sieht aber anders aus! Jesus ist bereits in unserer Mitte. Wir sind in Gottes Gegenwart und können mit Zuversicht zu seinen Thron der Gnade kommen. Die Gegenwart Gottes muss nicht erst »herbeigesungen« werden.
Mach dir immer bewusst, welches Vorrecht der Zugang zu Gott ist und was es Jesus gekostet hat, ihn für uns zu ermöglichen. Lass dich nicht aufhalten von Selbstgerechtigkeit, fehlenden Gefühlen oder einem schlechten Gewissen. Du kannst und darfst zu ihm kommen. Vor dem Gnadenthron ist immer der richtige Platz!

■ **Denk mal**

Hast du manchmal das Gefühl, dass du dich erst in die Gegenwart Gottes vorarbeiten musst?

■ **Mach mal**

Nimm ein Stück von einem schönen Stoff und zerreiße es. Halte es dir im Lobpreis vor Augen, um dich an diese Wahrheit zu erinnern.

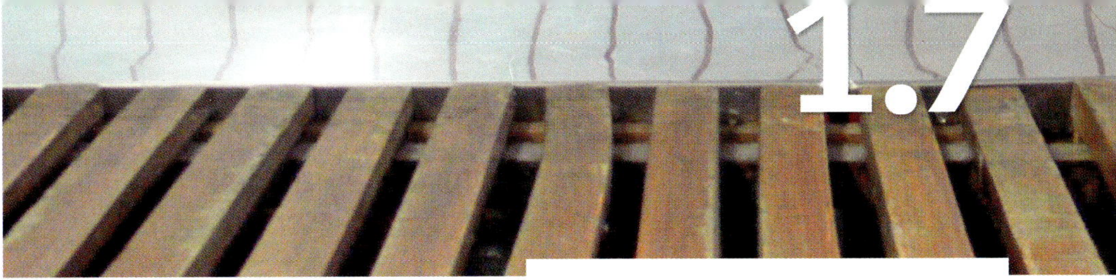

Gedanken

Die Gedanken sind frei.
—Deutsches Volkslied

■ Die meisten Impulse dieses Quadros haben unmittelbar mit unserem Denken zu tun. Das deutsche Wort Wahrnehmung drückt hervorragend aus, dass es dabei um mehr geht als das, was deine Sinne dir vermitteln. Was nimmst du als wahr an? Du siehst Ordnung, Vielfalt und Schönheit der Schöpfung und liebevolle Beziehungen. Es ermutigt dich, weil du darin Gottes Werk und Wesen wahr-nimmst. Dein atheistischer Arbeitskollege sieht vielleicht vor allem Naturkatastrophen, Chaos und das unbeschreibliche Leid, welches Menschen einander zufügen. Er schließt daraus, dass es keinen Gott geben kann – zumindest keinen, der voller Liebe ist.
Hast du eine Wahl, wie du mit Sinneseindrücken umgehst und was du wahrnimmst? Laut der Bibel (wenn man sie wahr-nimmt) entschieden JA. Die erste öffentliche Botschaft Jesu lautete: »Denkt um und glaubt an die gute Nachricht« (Markus 1, 15 frei übersetzt). Ausgehend von einem liebevollen, gnädigen Gott, der in Jesus bewiesen hat, dass ihm an uns liegt, kannst du anders über Menschen und Dinge denken. Das verändert wiederum dich und die Art und Weise, wie du Gott anbetest.
Die Frage ist, ob du in deiner Weltanschauung wirklich von diesem Punkt ausgehst? Vielleicht bist du auf Grund deiner Erfahrung von der Güte Gottes gar nicht überzeugt. Dann führt dein Weg zur Freiheit über Jesus und das Kreuz. Nimm deine Zweifel und Erfahrungen mit dorthin und bete ihn an.

■ **Denk mal**

Hand aufs Herz:
Glaubst du, dass Gott dich liebt?
Worin gründet sich dein Glaube?

■ **Mach mal**

Wann hast du zuletzt mit jemandem Zeit verbracht, der dir in seinem Gottvertrauen ein Vorbild ist? Mach dich auf die Suche. Verabrede dich!

2.1

Sich trauen

Der wahre Mut besteht darin, gerade dann Mut zu zeigen, wenn man nicht mutig ist.
—Jules Renard

■ Es ist zu jedem Zeitpunkt möglich, Gott anzubeten. Beim Betrachten des Kreuzes haben wir schon gesehen, dass wir durch Jesus freien Zugang zu Gott haben. Aber das empfinden wir nicht immer so, oder? Wenn du ein schlechtes Gewissen hast, weil du in irgendeinem Punkt versagt hast, ist dann dein erster Gedanke »jetzt muss ich als erstes vor Gott kommen«? Oder lässt du erst eine gewisse »Schamfrist« verstreichen, eine Zeit, in der du dich so richtig schlecht fühlst, bevor du Gott wieder unter die Augen trittst?

Diese Wahrnehmung ist eine echte Katastrophe. Gerade in dem Moment, wo wir am dringendsten zu Gott kommen müssten, trauen wir uns oft nicht. »So kann ich ihm doch nicht begegnen.« Man möchte erst irgendeine Form von Wiedergutmachung leisten oder sich selbst bestrafen. Das hat aber mit Umkehr nichts zu tun. Man kann nicht Buße tun, indem man sich selbst verbietet, zu Gott zurückzukehren. Der Widerspruch ist eigentlich völlig offensichtlich. Es ist nicht leicht, hier umzudenken. Aber es ist entscheidend.

Natürlich tun wir Gott und uns selbst auch keinen Gefallen, wenn wir sündigen. Aber wenn wir mit unserem Versagen in seine Gegenwart kommen, weil wir glauben, dass seine Gnade mächtiger ist, dann ehren wir ihn damit! Wir erkennen an, dass wir ihn brauchen. Wir bestätigen, was Jesus für uns getan hat. Wir drücken unser Vertrauen in Gottes Güte aus. Das ist Anbetung!

■ **Denk mal**

Stell dir vor: Wie sieht Jesus dich an, wenn du mit derselben Sünde zum x-ten Mal zu ihm kommst?

■ **Mach mal**

Vorschlag für ein Morgengebet: Vater, ich will dich heute verherrlichen. Falls ich versage, dann vertraue ich auf die Größe deiner Barmherzigkeit.

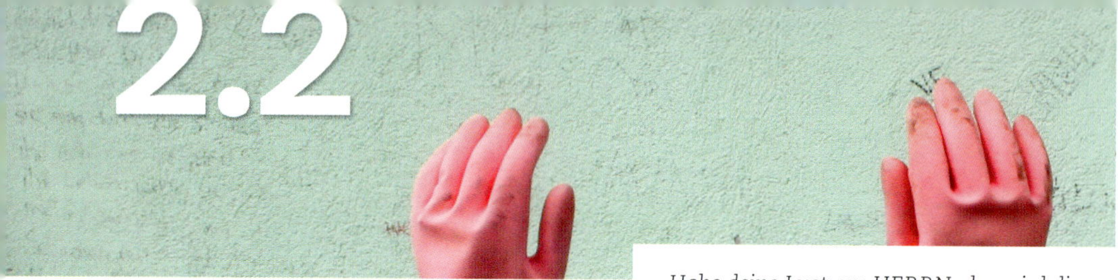

Lust haben

Habe deine Lust am HERRN; der wird dir geben, was dein Herz wünscht.
—Psalm 37, 4

Niemand hat andauernd Lust, Gott anzubeten. Obwohl es genug Grund gibt, rund um die Uhr dankbar zu sein, verhält sich auch der »beste« Christ nicht so. Dass Gott unsere Anbetung in jedem Moment unseres Lebens verdient, steht außer Frage. In der Praxis kommt es vor – bei manchen öfter, bei anderen seltener – dass wir schlicht und einfach keine Lust darauf haben, das Richtige zu tun. Der Alltag mit seinen Erfolgen und Problemen ist sehr unmittelbar und fordernd. Das lenkt uns ab. Und dann gibt es diesen gefährlichen Zustand der »rechtschaffenen Müdigkeit«, wenn man meint, niemandem mehr etwas schuldig zu sein, weil man schon so viel getan hat. »Da wird doch Gott nicht etwa verlangen…«
Manchmal sagen wir »Authentizität« und meinen doch nur »tun, wozu ich Lust habe auf eine Art und Weise, die ich mag«. Aber was kannst du tun, wenn du Gott nicht direkt erlebst? Wenn der Kopf voll ist mit allem möglichen Kram, bloß nicht mit der Liebe Gottes?

Der Schlüssel liegt darin, Lobpreis und Anbetung als gute Gewohnheit jenseits aller Empfindungen zu etablieren. Es stimmt: Gewohnheiten können sich verselbstständigen und zu bedeutungslosem Aktionismus werden – ohne Herz und Verstand. Müssen sie aber nicht. Wenn es einen »Trick« gibt, dann diesen: Aus kleinen Gewohnheiten, die du um Gottes willen praktizierst, werden bald größere. Denn sein Reich ist wie ein Senfkorn und wie Sauerteig und greift um sich, sobald man den kleinen Anfang erlaubt.

Denk mal

Bist du eher der impulsive, spontane Typ oder das Gewohnheitstier? Fehlt dir ein Ausgleich?

Mach mal

Füge deinem Alltag eine winzige, neue gute Gewohnheit zu: Preise Gott zu einem regelmäßigen Zeitpunkt, der bisher völlig »gebetsfrei« war.

Empfänglich sein

Wofür ein Mensch empfänglich ist, das charakterisiert ihn, das prägt seine Natur.
—James Tyler Kent

■ Gott anzubeten ist keine einseitige Angelegenheit. Gott tut etwas, offenbart sich, und wir reagieren darauf mit Lobpreis und Hingabe. Aber damit nicht genug: »Naht euch Gott, so naht er sich zu euch« (Jakobus 4, 8). Gott ist immer da, aber es gibt auch eine besondere Nähe Gottes. Ist für dich Intimität mit Gott etwas Konkretes und Positives? Schmerzhafte Sehnsucht? Unerreichbare Utopie? Quälende Belastung? Angst davor, entdeckt zu werden?

Nicht für jeden ist das spürbare Erleben der Gegenwart Gottes angenehm. Unsere Seele reagiert mit all ihren gesunden und ungesunden Anteilen auf das Wirken des Geistes. So erlebt mancher eine besondere Nähe des Vaters im Himmel zuerst einmal bedrückend statt befreiend. Ich möchte dich ermutigen, dich dem ehrlich zu stellen. Du kannst dich hervorragend in ehrfürchtiger Distanz halten – ganz sicher ein wichtiger Aspekt des Umgangs mit Gott – und Gott nie an dich ranlassen. Die wahrscheinlichste Ursache dafür sind Schuldgefühle, Verletzungen und schlechte Erfahrungen. Denke nicht, dass du »halt so gestrickt« bist und Gott nicht tiefer erleben kannst. Als ob Gott für dich nicht vorgesehen hätte, dir so nahe zu sein, dass du es auch spürst.

Es geht nicht darum, immer etwas erleben zu müssen und warme Gefühle zu pflegen. Es geht darum, empfänglich zu sein und Sehnsucht nach Gottes Nähe zuzulassen. Je nach Ausgangsposition kann das ein langer Weg sein, der echtes Umdenken und innere Heilung erfordert. Aber es lohnt sich!

■ **Denk mal**

Wenn Jesus persönlich in deinem Zimmer erschiene – was würdest du erwarten?

■ **Mach mal**

Wenn du Gottes Nähe genießen kannst, finde jemanden, dem es schwer fällt. Ermutige ihn. Wenn es dir schwer fällt, Gott zu spüren, suche Hilfe.

> *Die Liebe ist Leidenschaft, und nur die Leidenschaft ist das Wahrzeichen der Existenz.*
>
> *—Ludwig Feuerbach*

Leidenschaftlich sein

Über Leidenschaft ist schon leidenschaftlich gestritten worden. Meist geht es darum, wie »richtige« Anbetung eigentlich aussehen soll. Da findet man auf der einen Seite Menschen, welche die scheinbare Teilnahmslosigkeit und Nüchternheit der anderen nicht verstehen, und auf der anderen Seite welche, die darunter leiden, wenn sie sich »von vorne angepeitscht« fühlen. Findest du dich in einer der beiden Gruppen wieder oder bist du irgendwo dazwischen?
Es gibt verschiedene Gründe, warum Menschen unterschiedlich viel Leidenschaft in der Anbetung zum Ausdruck bringen. »Das passt nicht in unsere Kultur« ist meist nur ein vorgeschobenes Argument. Auch in unserem Kulturkreis werden Begeisterung und Leidenschaft bejaht und offen ausgedrückt. Eine Kultur, welche enthusiastische und innige Anbetung ablehnt, dürfte man gar nicht akzeptieren. Unterschiede in der Persönlichkeit gibt es definitiv. Wenn du extrovertiert und musikalisch bist, dann gehst du zum Beispiel beim Singen von Natur aus mit. Das heißt noch nicht, dass du mehr Leidenschaft für Gott hast als jemand, der auf Bibeltexte still reagiert.
Ziel ist nicht das Tanzen, Weinen, Jubeln oder Händeheben. Ziel ist eine innige, intensive, leidenschaftliche und lebensverändernde Beziehung zu Gott. Wenn du eine solche Beziehung lebst, musst du dir wegen deiner Ausdrucksformen keine Sorgen machen. Wenn sie dir fehlt, dann solltest du dir ebenfalls wegen der Äußerlichkeiten keine Gedanken machen.

Denk mal

Glaubst du, dass Leidenschaft immer automatisch auch nach außen sichtbar wird? Wann ja, wann nicht?

Mach mal

Frag einmal die scheinbar leidenschaftlichsten Anbeter in deinem Umfeld nach ihrer Beziehung zu Gott. Vielleicht lernst du etwas – vielleicht sie.

Nicht überall, wo Lobpreis draufsteht, ist auch Lobpreis drin.
—Henning Rietz

Ich – meiner – mir – mich

■ Die Entwicklung der modernen Lobpreismusik hat sich im Wesentlichen in den letzten 30 Jahren vollzogen. Hier meine ich vor allem den Stil, alles andere ist ja nicht neu, oder? Dabei kann man interessante Entwicklungslinien sehen. Schlichte Freude über die Erlösung, Proklamation, Erweckungssehnsucht, Intimität. Das sind Themen, welche widerspiegeln, wie »man so drauf war damals«. In den 90ern gab es eine starke Tendenz hin zu subjektiven und gefühlsbetonten Aussagen in Liedern. Seit einiger Zeit geht der Trend wieder in Richtung objektiver Wahrheiten. Die bekanntesten »Hits« stellen Gottes Größe in den Mittelpunkt und erheben Jesus über das eigene Befinden. Gut so.

Lieder, die mehr über dein Befinden aussagen als über Gott, sind für private Gebetszeiten sicher hilfreich, wenn du damit tatsächlich deinem Herzen Luft machen kannst. Das ist wichtig. Ausdruck dessen, was uns bewegt, hat seinen Platz – aber es ist gut, ihn zu begrenzen. Das Vorbild der Psalmen, in denen viel Persönliches und Schmerzhaftes ausgedrückt wird, zeigt, dass irgendwann der Punkt kommt, sich wieder an Gottes Stärke zu erinnern. An sein Handeln in der Vergangenheit. An seine Versprechen für die Zukunft.

Wenn du auf der Suche nach Authentizität bist, dann frage nicht in erster Linie danach, wie es dir geht, sondern wer du in Gott bist, wer er für dich ist und wozu du von ihm bestimmt bist. Letzteres macht deine Identität aus und soll dein Leben prägen – nicht deine momentane Stimmung.

■ Denk mal

Wie stark auf einer Skala von 1 bis 10 bist du bei Anbetung von deinen Stimmungen abhängig?

■ Mach mal

Mach einmal eine inhaltliche Analyse der fünf beliebtesten Lobpreislieder, die dir einfallen. Egal aus welcher Quelle. Egal wie alt. Was fällt dir auf?

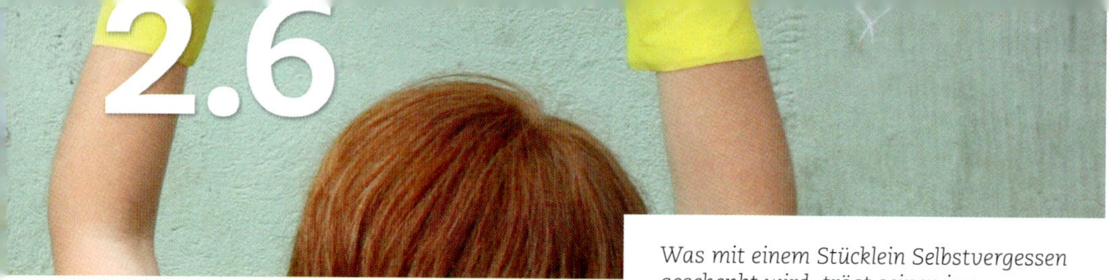

Selbstvergessen

Was mit einem Stücklein Selbstvergessen geschenkt wird, trägt seinen inneren Schimmer ins andere Herz.
—Dora Schlatter

■ Glücklich sind wir in Momenten, wo wir nicht um uns und unsere Bedürfnisse kreisen. Sobald man Kinder hat, macht einem das Beschenken und die Freude der Kinder mehr Spaß als die eigenen Geschenke. Im Urlaub verliert man sich in einem spektakulären Sonnenuntergang – man sieht weg von sich. Hoffentlich kennst du in deinem Leben solche Glücksmomente, auch wenn die eben genannten Beispiele nicht auf dich zutreffen sollten. Gibt es da vielleicht bestimmte Gemeinsamkeiten?

Ich führte einmal in einer Gruppe eine Umfrage darüber durch, was »gute Lobpreiszeiten« ausmacht. Es ging in diesem Zusammenhang also um das gemeinsame Singen zu Gott. Eine herausstechende Antwort war: »wenn nur noch Gott zählt«. Das trifft es gut. Solange man noch darüber nachdenkt, wie man sich gerade fühlt, ist man eindeutig nicht ganz bei der Sache. Solange man sich über die Auswirkungen auf sein eigenes Leben Gedanken macht oder die Nachbarn beobachtet, fehlt noch was. Leider kann man nichts auf Kommando vergessen. Das wäre so hilfreich! Aber was kann man tun? Zerstreuung ist nicht hilfreich, die ist im Allgemeinen auch eher selbstzentriert. Aber man kann sich von sich selbst ablenken. Dazu braucht es einen Reiz, der stärker ist als das eigene Selbstbewusstsein. Gottes Größe ist so ein »Reiz«! Jesus ist beeindruckender als wir. Das Kreuz ist faszinierender als unsere Stimmungsschwankungen. Daran zu denken kann man immerhin üben.

■ **Denk mal**

Was brauchst du zum Glücklichsein? Menschen? Dinge? Glaubst du, dass Gott für dich genug ist?

■ **Mach mal**

Mach eine Liste deiner liebsten Zerstreuungen und Ausreden. Versuch mal einen Tag oder eine Woche ohne eine einzige davon zu leben.

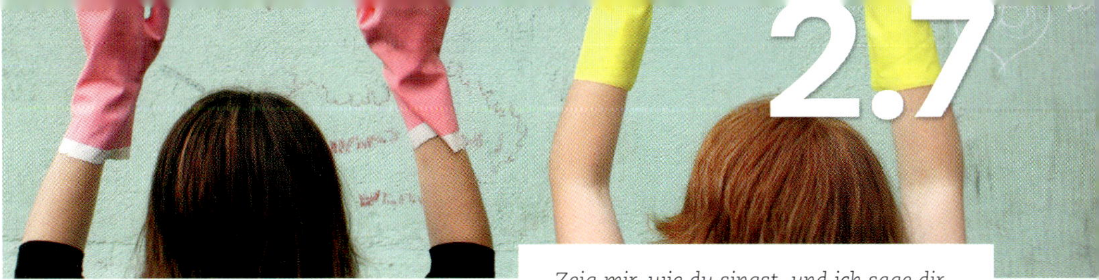

Typisch!

Zeig mir, wie du singst, und ich sage dir, wen du liebst.

—Henning Rietz

Seit einigen Jahren sind Gabentests und Programme zur Bestimmung des eigenen Persönlichkeitstyps populär. Es ist hilfreich, sich selbst auch mal beim Thema Lobpreis etwas genauer unter die Lupe zu nehmen. Gerade hier können wir erkennen, wie wir Gott und uns selbst eigentlich wahrnehmen. Keiner von uns ist ausgewogen in seinen Eigenheiten und in seinem Geschmack. Wenn man sich erstmal bewusst gemacht hat, wie man in der Anbetung Gottes »tickt«, dann ist es leichter, Hilfreiches zu stärken, Barrieren zu überwinden, Vielfalt bewusst zu pflegen und das Spektrum zu erweitern. Wir können alle noch dazulernen.

Wie findet man heraus, welcher Lobpreis-Typ man ist? Denke an besonders bewegende Anbetungszeiten: Was hat sie gekennzeichnet? Was haben deine Lieblingslieder gemeinsam in Inhalt, Stil, Melodie, Rhythmus ...? Was kann dich im Lobpreis am meisten aufregen? Bei welchen Liedern oder Ausdrucksformen »bekommst du Pickel«?

Je mehr man auf »eine Schiene« festgelegt ist, in der man Gott anbeten kann, desto größer ist die Herausforderung, weitere Aspekte zu entdecken. Letztendlich geht es ja darum, Gott in seiner ganzen Fülle kennen zu lernen und in der Fülle der unterschiedlichen Möglichkeiten anzubeten. Die Vielfalt zeigt sich im Alten und Neuen, im Lauten und Leisen, in Erfurcht und Vertrautheit, in Kindschaft und Gehorsam, im Singen und Schweigen, im Beten und Handeln, instrumental und a capella, im Geist und in der Wahrheit.

Denk mal

Was zeichnet deine Lieblingformen der Anbetung aus? Womit hast du eher Schwierigkeiten?

Mach mal

Bestimme deinen Lobpreis-Typ! Bist du Bewunderer? Liebhaber? Kämpfer? Freund? Kind? Paparazzo? Stiller Teilhaber? Mehrere? Wechselt dein Typ öfter?

TONE
VOLUME

> *Rituale sollten Leitplanken sein, keine Mauern, sonst sehen wir nicht mehr, was dahinter ist.*
> *—Anke Maggauer-Kirsche*

Ja zu Ritualen

■ Besonders unter freikirchlichen Christen ist der Irrtum verbreitet, dass feste Formen und wiederkehrende Abläufe Zeichen einer toten Religiosität wären. Viele können daher zum Beispiel mit Liturgie wenig anfangen. Abgesehen davon, dass die Geschmäcker verschieden sein dürfen, ist das ausgesprochen bedauerlich. Feste Ordnungen und Rituale spielen in der Beziehung zu Gott eine sehr hilfreiche Rolle. Nebenbei: Es gibt keine Gemeinde, die ohne wiederkehrende Elemente im Gottesdienst auskommt. Alle bilden im Laufe der Zeit Muster heraus, wie sie Dinge tun. Manche schon seit hunderten von Jahren…

Ein Ritual ist eine nach festen Regeln ablaufende Handlung mit hohem Symbolgehalt. In der Bibel findet man von Anfang bis Ende Rituale. König David, für viele ein großes Vorbild beim Thema Anbetung, hat Lobpreis umfassend geordnet und strukturiert. Die Offenbarung als letztes Buch der Bibel ist voll von symbolischen und rituellen Handlungen der Anbetung. Ist das Abendmahl nicht das Ritual schlechthin? Natürlich können Rituale Sinn und Lebendigkeit verlieren. Aber das können Freiheit und Spontanität genauso! Rituale sind oft notwendig, weil sie uns dazu helfen, das Richtige zu tun und Gewohnheiten zu etablieren. Wenn du müde und unmotiviert bist, dann bewirkt ein vorformuliertes Gebet vielleicht mehr als du denkst. Rituale sind außerdem meist mit starker Symbolik verbunden, durch die sich Gott offenbart. Diese Chance solltest du nutzen!

■ **Denk mal**

Versuchst du, in deinen Gebeten und Liedern besonders abwechslungsreich und originell zu sein? Warum?

■ **Mach mal**

(Er)finde ein Morgen- oder Abendritual. Fester Ablauf, Ort, Symbole, Lieder. Nutze Gebete von Glaubensvorbildern aller Epochen.

3.2

Ja zur Spontanität

In der Spontanität ist kein Platz für Angst.

—*Ute Lauterbach*

■ In einer dynamischen Beziehung kann nicht alles nach Plan und festem Schema verlaufen. In einer Ehe bemüht man sich einerseits um die tägliche Beziehungspflege. Vieles davon besteht in Gewohnheiten und festen Angewohnheiten. Aber was wäre eine Liebesbeziehung ohne spontane Liebesbekundungen?! Der überraschende Blumenstrauß, die flüchtige Berührung, ein heimlich geplanter Kurzurlaub.

Im übertragenen Sinne hat all das auch seinen Platz im Umgang mit Gott. Nicht, dass wir ihn überraschen könnten: Wir sind es, die überrascht werden. Wunderschöne Beispiele in der Bibel berichten von der spontanen Anbetung von Menschen, die plötzlich mit Gottes Realität konfrontiert waren. Da wir als Menschen nicht darüber verfügen können, wie und wann sich Gott uns besonders offenbart, müssen wir in der Gemeinschaft mit ihm immer mit dem Ungeplanten rechnen (ein Widerspruch in sich?). Selbst beim Lesen der Bibel oder beim Hören einer Predigt kannst du nicht vorher wissen, wo dir »ein Licht aufgeht«. Das bedeutet nicht, dass andauernd originelle Dinge passieren müssen. Wenn du zu sehr auf das Ungewöhnliche fixiert bist, wirst du das Gewohnte nicht mehr schätzen und tun.

Darüber hinaus kannst du Raum für Neues einplanen. Vielleicht fällt dir ja etwas ein, wie du dich selbst aus dem Rahmen des Gewohnten hinaus begeben und Raum für neue Erfahrungen schaffen kannst. Etwas, das deiner Anbetung ein Überraschungsmoment verleihen kann?

■ **Denk mal**

Sind deine Freundschaften eher von Gewohnheiten oder von Spontanität geprägt?

■ **Mach mal**

Welchen »Blumenstrauß«, welche ungewöhnliche Idee könntest du in deiner persönlichen Anbetung einsetzen, um neue Wege zu gehen?

Mit der Bibel anbeten

Ist jemand guten Mutes, der singe Psalmen.

—Jakobus 5, 13

■ Der Grundgedanke, dass wir mit Anbetung auf die Offenbarung Gottes reagieren, zieht sich wie ein roter Faden durch dieses Quadro. Was liegt näher, als die greifbarste (im wahrsten Sinne) Quelle der Offenbarung selbst einzusetzen, um die eigene Anbetung zu inspirieren?

Sollte die Bibel für dich eher trockene Lektüre sein, kann dieser Ansatz das Lesen ganz neu beleben. Vielleicht liest du ja bisher die Bibel nur unter dem Gesichtspunkt »was muss ich tun« oder »wie soll ich leben«. In erster Linie ist die Bibel aber kein Handbuch fürs Leben (obwohl sie oft so »verkauft« wird), sondern eine Darstellung von Gottes Wesen und Handeln. Wenn du zuerst darauf achtest, findest du immer wieder Grund, Gott deine Bewunderung und Liebe auszudrücken.

Da sind zum einen die Passagen, in denen direkt von Gottes Charakter die Rede ist oder die diesen durch sein Handeln belegen – zum Beispiel alle Geschichten und »ich bin« Worte. Du kannst unmittelbar mit gesprochenem oder gesungenem Lobpreis reagieren. »Ich preise dich, dass du …«. Zum anderen findest du Aussagen, die etwas über Gottes Umgang mit dir sagen, nicht zuletzt das Evangelium selbst. Du kannst immer wieder deine Dankbarkeit für das äußern, was Gott für dich getan hat. Du kannst dein Vertrauen in seine Zusagen zum Ausdruck bringen. Außerdem kannst du dir die Texte zu Eigen machen, welche bereits Anbetung zum Ausdruck bringen. Da gibt es außer den Psalmen noch viele andere Textstellen. Diese Quelle ist unerschöpflich.

■ **Denk mal**

Was könntest du tun, damit du die Bibel mit mehr Entdeckerhaltung und Freude lesen kannst?

■ **Mach mal**

Mach eine Zusammenstellung von Texten aus dem Neuen Testament, welche Gottes Charakter ausdrücken und nutze sie (s. auch S. 39, Namen Gottes).

3.4

Davids Frau Michal, die Tochter Sauls, sah aus dem Fenster. Sie sah, wie der König hüpfte und tanzte, und verachtete ihn dafür.

—2. Samuel 6, 16

Mit dem Körper anbeten

■ Vielleicht hast du schon Menschen erlebt, die sich im Lobpreis lächerlich machen, indem sie sich merkwürdig bewegen. Sicher bietet musikalische Anbetung auch der hemmungslosen Selbstdarstellung eine Bühne, aber es wäre gefährlich, überall dort falsche Motive zu unterstellen, wo etwas nach unserem Empfinden albern aussieht.
Wie ist das nun mit dem körperlichen Ausdruck von Anbetung? Ein biblisches und zutiefst menschliches Prinzip ist, dass das, was in uns vorgeht, seine äußere Wirkung zeigen muss. Es geht nicht anders. »Wovon das Herz voll ist, das spricht der Mund aus« (Matthäus 12, 34), »Ein guter Baum bringt gute Früchte« (Matthäus 7, 17). Also: Wer Gott liebt, muss die Hände heben und tanzen?
Menschen sind ganzheitliche Wesen. Nicht nur wirkt das Innere nach außen. Das Äußere wirkt auch nach innen! Die Körperhaltung beim Gebet ist nicht egal. Verschiedene Haltungen und Bewegungen wirken sich auf unser Inneres aus und können mehr oder weniger hilfreich sein. Mit eingesacktem Körper und gesenktem Kopf kann man nur schwer Freude ausdrücken. Es ist wichtig, die Körperhaltung nicht nur als Reaktion zu sehen, sondern sie auch bewusst einzusetzen. Ich hebe die Hände oder den Blick nicht immer, weil ich gerade berührt bin, sondern weil ich damit etwas ausdrücken möchte, z.B. Empfänglichkeit, Ehrerbietung oder Jubel. In deine Anbetung kannst du alles einbringen, was dir zur Verfügung steht.

■ **Denk mal**

Warum hebst du die Hände oder das Gesicht im Lobpreis? Oder warum tust du es nicht? Was hat dich geprägt?

■ **Mach mal**

Erweitere deine Grenzen! Probiere verschiedene Körperhaltungen und spüre, wie sie wirken. Nutze eine Ausdrucksform, die ungewohnt ist.

3.5

Mit Musik anbeten

Thank you for the music,
for giving it to me.

—ABBA

■ Heutzutage verbinden wir mit dem Begriff Anbetung vor allem das Singen von so genannten Anbetungsliedern. Dabei ist jedem klar, dass die Musik nur eine mögliche Ausdrucksform für unsere Anbetung ist. Deswegen haben wir in diesem Quadro zuerst die Denkvoraussetzungen und unsere Motivation betrachtet. Ist es »schlimm«, wenn Musik so eine dominante Rolle in Lobpreis und Anbetung spielt? Überhaupt nicht, solange die Grundlagen klar sind! Die Ordnungen im Alten Testament, die Anregungen in den Briefen des Neuen Testaments und die Bilder der Offenbarung zeigen deutlich, dass Musik keine willkürliche, sondern eine gottgewollte Form ist. Ein Blick in die Kulturen der Welt scheint dies zu bestätigen. Musik ist wirklich eine universelle Sprache.
Was drückt man mit dieser Sprache aus? Leidenschaft, Schönheit, Kraft, die Fülle menschlicher Emotionen – Dinge, die man auch in Worte fassen kann, die aber durch Melodie und Harmonie verstärkt werden. Die Wirkung von Musik liegt jenseits des Verstandes – ohne deswegen irrational zu sein. Ob es uns passt oder nicht: Das scheint in unserer Beziehung zu Gott wichtig zu sein! Gott möchte offenbar, dass wir uns gerade auch mit Gefühl in die Anbetung einbringen. Außerdem ist mit Musik eine besondere gemeinschaftliche Erfahrung verbunden. Es gibt kaum bessere Gelegenheiten, einander im Gottesdienst wahrzunehmen, als auf den Gesang der Gemeinde zu achten. Musik ist einfach großartig!

■ **Denk mal**

Woher kommt deine Einstellung zur Musik? Hörst du viel Musik? Welche? Wie wirkt sie bei dir?

■ **Mach mal**

Versuch mal, Gott mit einem säkularen Liebeslied deines Lieblingsmusikstils anzubeten, indem du den Inhalt auf ihn hin umdeutest.

3.6

Kunstfertig

Der HERR hat ihn befähigt, alle für den Bau erforderlichen handwerklichen und künstlerischen Arbeiten auszuführen.
—2. Mose 35, 31

Zwar ist Musik eine vorherrschende Ausdrucksform in der Anbetung, aber sie ist nicht die einzige. Es wäre sowieso gefährlich, nur das Singen von Liedern im Gottesdienst als Anbetung aufzufassen. Selbst Geldspenden kann man als Anbetung verstehen, wenn sie Ausdruck von Dankbarkeit, Hingabe oder Vertrauen sind. Wie der Musik kommt aber auch anderen Kunstformen eine besondere Bedeutung zu, weil Kunst den Menschen auf spezielle Weise anspricht. »Ein Bild sagt mehr als tausend Worte.« Die Bibel nennt unter anderem noch Architektur, Handwerk, die bildenden Künste, Mode- und Schmuckdesign, Tanz und die Herstellung von Düften und den Genuss von Speisen im Zusammenhang mit Anbetung. Schon diese Liste entspricht kaum der Praxis der meisten Christen. Es gibt also Entfaltungsmöglichkeiten!

Man kann sich noch mehr vorstellen. Oft werden Liedtexte in sehr schlichter Form an die Wände projiziert – eine verpasste Chance. Designer mit typografischem Know-how und Fotografen sind gefragt. Das kann ebenso wie Tontechnik und Lichttechnik Werkzeug der Anbetung sein. Man muss nur damit umgehen können. »Kunst kommt von ›Können‹«, sagt man. Zuhause für Gott tanzen soll jeder, dem danach ist. Öffentlicher Ausdruck, zum Beispiel im Gottesdienst, sollte auch die anderen und das, was für sie passt, im Blick haben. Finde den Rahmen, der deinem Maß an Begabung und Ausbildung entspricht, selbst wenn nur Gott deine Werke zu sehen und hören bekommt.

Denk mal

Gibt es Kunstformen, die deiner Meinung nach nicht für die Anbetung Gottes geeignet sind?

Mach mal

Gestalte mal eine persönliche Anbetungszeit nur mit einer Kunstform, die ohne Musik auskommt.

3.7

Freiheit einüben

Und der ist nicht frei, der da will tun können, was er will, sondern der ist frei, der da wollen kann, was er tun soll.
—Christian Morgenstern

■ Freiheit hat mindestens zwei unterschiedliche Aspekte: Meist meinen wir damit die Abwesenheit von Hindernissen. Dinge, die uns innerlich blockieren, sollen verschwinden. Aber es gibt noch einen zweiten wichtigen Aspekt, und der hat mit unseren Fähigkeiten und Fertigkeiten zu tun. Nimm an, dein gesamter Wortschatz bestünde aus fünf Worten. Abgesehen davon, dass auch kurze Gebete sehr kraftvoll sind, würde das deine Freiheit im Gebet ziemlich begrenzen. Genauso ist es mit dem Musiker, der nur nach Noten spielen kann, mit der Tänzerin, deren Kondition nur für fünf Minuten reicht, und mit dem Christen, der nur fünf Lieder auswendig kann.
Die Entwicklung von Fertigkeiten – egal auf welchem Gebiet – bestimmt das Ausmaß unserer Reaktionsmöglichkeiten, genauer: wie weit wir inneren Impulsen Ausdruck verleihen können. Zwar ist das, was in unserem Herzen vorgeht, das Wichtigste, aber es kann einen richtiggehend verrückt machen, wenn man keinen Weg findet, es »raus zu lassen«. Deshalb ist die Freiheit des Ausdrucks eine wichtige Ergänzung der inneren Freiheit.
Begabung ist ein Geschenk. Aber der Rest ist Übung. Erst durch Übung lernen wir sogar, Gut und Böse zu unterscheiden (Hebräer 5, 14). Die Belohnung für jahrelanges Üben ist riesig und wiegt den Einsatz bei Weitem auf. Auf halbem Weg stehen zu bleiben ist frustrierend. Suche nicht nach Abkürzungen, sondern verfolge ausdauernd den Weg in echte Freiheit.

■ **Denk mal**
Hast du dich in den letzten Jahren in deinen Fertigkeiten weiterentwickelt – wenn ja, auf welchem Gebiet?

■ **Mach mal**
Entscheide dich für einen Bereich, in dem du deine Fähigkeiten, mit Gott zu kommunizieren, erweitern willst.
Plane konkret, wie du es tun wirst.

4.1

Das Wahre leben

Manchmal ist es schwer, das Wirken des Heiligen Geistes von der Wirkung einer Mollsubdominante zu unterscheiden.
—Henning Rietz

■ Hast du schon mal eine Lobpreiszeit genossen, in der du total berührt warst, aber hinterher wusstest du nicht so recht, ob das an Gott lag oder an der Musik und der allgemeinen Stimmung? Oder beobachtest du manchmal andere in der Anbetung und hältst sie für oberflächlich? Das kann einen schon sehr verunsichern, im zweiten Fall ist es zudem sehr leicht, dem anderen Unrecht zu tun. Frag dich nicht, ob die anderen echt sind – wie steht es mit dir?
Zugegeben: Musik kann manipulativ eingesetzt werden. Ihre Wirksamkeit ist von Gott angelegt, aber Musik entfaltet ihre Wirkung auch ohne direktes Wirken des Geistes Gottes. Das gilt im Übrigen auch für andere Formen der Kunst, zum Beispiel Rhetorik in einer Predigt. Gerade in der Gruppe gibt es keine Anbetung ohne unterbewusste Einwirkungen durch Ausdrucksmittel und Gruppendynamik. Damit musst du dich abfinden. Mehr noch, das kannst du sogar bejahen und dankbar sein für jede Unterstützung deiner Anbetung. Angst vor zu viel Emotion war noch nie ein guter Ratgeber und wer sich selbst ständig beobachtet, kann sich nicht fallen lassen. Versuche nicht, dich dauernd zu analysieren. Frag nicht so sehr: »Wie fühle ich mich gerade«, sondern statt dessen eher: »Will ich das, was ich hier tue?« Zum anderen – schau auf das Ergebnis, nicht auf das Erlebnis. Frage dich: Stärke ich mit dem, was ich tue, meine Beziehung zu Gott? Die Auswirkungen in deinem Leben werden zeigen, was echt war und was nicht. Nur Mut!

■ Denk mal

Verbietest du dir manchmal Ausdrucksformen aus Angst, du könntest nicht authentisch sein?

■ Mach mal

Schau dir bei YouTube.com mal Filme von enthusiastischen Lobpreisevents an. Versuche, wertschätzend zu spüren, was die Menschen dort bewegt.

Einfach so – so einfach

Das Siegel der Wahrheit ist die Einfachheit.
—Hermann Boerhave

■ Anbetung wird gerne instrumentalisiert, also für einen guten Zweck eingesetzt – sowohl im Gottesdienst als auch im Privatleben. Im Gottesdienst übernimmt eine Lobpreiszeit oft das Aufwärmen für die Predigt oder die Kollekte, damit alle schön offen sind. Und zu Hause ist Lobpreis ein Mittel gegen miese Stimmung. Ist das schlecht? Nein. Man muss nicht so tun, als ob die Nebenwirkungen von Anbetung unwichtig seien. Aber wie schön ist es, wenn du Gott anbeten kannst, ohne Anbetung als Mittel zum Zweck zu benutzen. Wenn es nicht um die Wirkung auf dich und deine Umstände geht, sondern darum, dass er es einfach verdient. Deswegen ist es so hilfreich, das eigene Reaktionsvermögen zu trainieren und gute Gewohnheiten zu entwickeln. So läuft man weniger Gefahr, sich durch die Erinnerung an den eigenen Nutzen zur Anbetung zu motivieren.

Glücklich bist du, wenn du eine Schlichtheit des Herzens erreicht hast, welche die Dinge nicht unnötig verkompliziert. Alle Anregungen in diesem Quadro sollen nicht dazu führen, dass du aus dem Lobpreis eine Wissenschaft machst. »Ich liebe – also bete ich an.« Wann immer es kompliziert wird und deine Gedanken in der Anbetung eher damit beschäftigt sind, Lehrinhalte, Gefühle und Motive zu sortieren, anstatt die Herrlichkeit Gottes zu reflektieren – sei vorsichtig. Du kannst solches Grübeln nicht einfach abschalten, aber du musst verhindern, dass es zur Gewohnheit wird. Schlichtheit ist nicht einfach!

■ **Denk mal**

Was motiviert dich zum Lobpreis? Kommt deine Motivation eher von innen oder von außen?

■ **Mach mal**

Stelle dir vor, wie unmittelbar und schlicht Kinder Eltern ihre Zuneigung ausdrücken. Versuche, das auf deine Anbetung zu übertragen.

Um Mitternacht aber beteten Paulus und Silas und lobten Gott. Und es hörten sie die Gefangenen.
—Apostelgeschichte 16, 25

Auswirkungen sehen

■ Anbetung hat »Nebenwirkungen«. Nachdem wir eben grundsätzlich geklärt haben, dass schlichte Anbetung »um Gottes willen« das Ziel ist, sollten wir uns diese bewusst machen. Die Bibel erzählt einige spektakuläre Geschichten, in denen im Zusammenhang mit Lobpreis und Anbetung übernatürliche Effekte auftreten. Meist war das eine Befreiung aus hoffnungsloser Lage. Unsere Anbetung wirkt mindestens in folgenden Bereichen: bei Gott, in der unsichtbaren Welt, auf uns, auf unser Umfeld. Es klingt vielleicht anmaßend, dass du bei einem souveränen Gott Wirkung erzielst. Aber er hat nun mal dokumentiert, dass er sich über deine Anbetung freut und seine besondere Nähe verheißen. Die Geschehnisse in der unsichtbaren Welt sind etwas schwerer zu greifen. Wir können in der Bibel mindestens einen Zusammenhang zwischen der Anbetung auf der Erde und den Auswirkungen im Himmel erkennen. Auch die abstoßende Wirkung auf böse Geister ist dort beschrieben.

Am unmittelbarsten ist die Wirkung der Anbetung auf dich selbst. Bewusste Zeit in Gottes Gegenwart prägt dein Wesen, deine Werte und deine Wahrnehmung. Anbetung wirkt auch auf unsere Gemeinschaft. Im Gottesdienst wirken wir zusammen und erleben und entdecken uns dabei als Leib Christi. Menschen, die Gott noch nicht kennen, werden nicht selten tief von der authentischen Liebe in der Anbetung berührt. Die wichtigste Hauptsache der Welt hat eben auch die schönsten Nebenwirkungen!

■ **Denk mal**

Gibt es eine »Nebenwirkung«, nach der du dich am meisten sehnst? Hast du Gott das schon gesagt?

■ **Mach mal**

Wähle einen Ort, an dem du oft bist. Entwickle die Gewohnheit, Gott dort zu loben, selbst wenn es nur für einen Moment ist. Siehst du Veränderung?

4.4 Ohne Worte

Also lasst euer Licht leuchten vor den Leuten, dass sie eure guten Werke sehen und euren Vater im Himmel preisen.
—Matthäus 5, 16

■ Singen ist für die meisten Menschen nicht schwer. Das, was man singt, auch ehrlich zu meinen, ist etwas ganz anderes. Manchmal musst du dich überwinden, weil Müdigkeit, Sünde oder miese Stimmung deine eigentliche Motivation ersticken. Dann kann es herausfordernd sein, Gott zu preisen. Es ist bezeichnend, dass der Begriff »Anbetung« in der Bibel zum ersten Mal in Verbindung mit Gottes Aufforderung an Abraham, seinen Sohn zu opfern, auftaucht. Kein sehr angenehmer Zusammenhang. Anbetung heißt, Gott über alles zu stellen. Es geht um mehr, als nur darum, die richtigen Worte zu sagen und in eine von anderen akzeptierte Form zu verpacken. Echte Anbetung hat ihre Wurzeln jenseits der Äußerlichkeiten.

Wenn dein Herz dafür brennt, Gott zu ehren, dann ist das vielleicht eine echte Herausforderung: Die wirksamste Anstiftung zum Lobpreis ist nicht das Anstimmen von Liedern. Es sind Taten der Liebe. Nirgends zeigt sich Gott so deutlich wie in einem veränderten Leben. Kaum etwas ist abstoßender als Leute, die ständig von Gott reden, deren Leben aber ansonsten keine Züge von Gottes Gegenwart trägt. An diesem Punkt kämpfen die meisten von uns, oder? Vorsicht: Gute Werke kann man genauso ohne innere Beteiligung tun, wie man Worte dahinsagen kann. Alles steht und fällt damit, ob du begreifst, dass Gott dich bedingungslos liebt und wie viel du ihm verdankst. Dein Handeln ist lediglich die Folge dessen, was du von ihm verstanden hast.

■ **Denk mal**

Welche Veränderungen bemerken Menschen an dir, die dich seit Jahren kennen? Welche bemerkst du?

■ **Mach mal**

»Jeden Tag eine gute Tat« – klingt pfadfinderisch oder gesetzlich. Ist es aber vielleicht in der Praxis gar nicht. Probier es doch einmal aus!

4.5 Konkurrenz

Was wir am meisten lieben, bestimmt, was wir anbeten.

—Bob Kauflin

Anbetung macht den Kampf um unser Herz deutlich. Es ist dieser Kern unseres geschaffenen Wesens, der am stärksten herausgefordert wird. Weil wir dazu bestimmt sind, mit unserem ganzen Leben Gott anzubeten, fährt die Finsternis alle erdenklichen Ablenkungen und Konkurrenzangebote auf: »Die ganze Welt will ich dir geben, wenn du niederfällst und mich anbetest« (Matthäus 4, 9). So lockt der Teufel selbst Jesus – allerdings ohne Erfolg.

Anbetung mit dem Ziel, etwas für mich zu erreichen, ehrt am Ende den Falschen oder ist Götzendienst, wie die Bibel es formuliert.

Ein paar Fragen zur Selbsteinschätzung: Was macht dir am meisten Spaß? Womit verbringst du viel Zeit? Worum kreisen deine Gedanken, wenn du nichts zu tun hast? Wofür gibst du dein Geld aus? Was macht dich wütend oder deprimiert, wenn du es nicht haben kannst? Was fürchtest du am meisten zu verlieren? Deine Antworten sind allerdings nur Indizien für mögliche Konkurrenz Gottes in deinem Leben.

Es geht hier nicht um Stimmungsschwankungen oder gelegentliche Lustlosigkeit in der Beziehung zu Gott. Das haben Heilige aller Zeiten erfahren. Aber was sind die erkennbaren Linien in deinem Leben? Was treibt dich immer wieder an? Welche Entscheidungsmuster gibt es? Was sind deine unausgesprochenen Träume und Sehnsüchte? Welche davon lebst du isoliert von ihm, nicht mit ihm? Gott weiß es – oft bevor es dir klar wird. Er ist der Konkurrenz himmelweit überlegen.

Denk mal

Wenn du deine Freunde fragtest, was in deinem Leben Gott Konkurrenz macht – was würden sie sagen?

Mach mal

Frag deine Freunde, was sie in deinem Leben an ernstzunehmender Konkurrenz zu Gott erkennen. Überrascht es dich? Was wirst du tun?

4.6

Gott und wir

Jetzt sah ich eine Menschenmenge, so unübersehbar groß, dass niemand sie zählen konnte.

—Offenbarung 7, 9

Es ist ein großer Unterschied, ob ich alleine mit Gott bin oder ihn in der Gruppe anbete. Der gemeinsame Gottesdienst ist zum Beispiel nicht dafür gedacht, dass zig Individuen ihre private »Stille Zeit« parallel abhalten, ohne in Kontakt miteinander zu sein. Es geht viel mehr um die Gemeinde als Gruppe, als Leib Christi. Das fällt uns in der westlichen Welt etwas schwer, weil in unserem Wertesystem der Einzelne und seine Bedürfnisse gerne im Vordergrund stehen. Und weil wir dem Zeitgeist folgend nicht selten in der Rolle des Kunden oder Konsumenten in eine geistliche Veranstaltung gehen. Aber Gottesdienst ist nun mal zuallererst Dienst an Gott, und der Leib Christi ist mehr als ein Zusammensein von einzelnen Gliedern.

Zu den schönsten Erfahrungen zählt es, wenn eine Gruppe völlig eingenommen von Gott ist: Wenn du spüren kannst, dass du mit deinen Brüdern und Schwestern eins bist, dass du Teil einer großen, wachsenden und siegreichen Gemeinschaft bist. Für viele Erfahrungen und Erkenntnisse ist die Gemeinschaft eine Voraussetzung. In der Gruppe ist es auch völlig in Ordnung, Dinge mitzumachen, die eigentlich nicht dein Stil sind, wenn es um der Gemeinschaft willen geschieht. Geschmack und Vorlieben dürfen dann in den Hintergrund treten. Solche Zugeständnisse sind weder unauthentisch noch faule Kompromisse. Als Teil einer Gruppe begegnet Gott dir auf andere Weise, als wenn du alleine zu ihm kommst. Die beiden Wege sind nicht gegeneinander aufzuwiegen.

Denk mal

Was sind Erfahrungen mit Gott, die du nur in der Gruppe machen kannst? Wie offenbart er sich dann?

Mach mal

Wodurch kannst du in den nächsten Gottesdiensten sichtbar machen, dass du dich als Teil einer Gemeinschaft verstehst? Fällt dir das schwer?

Gott und du

Ich will dich retten, und du sollst mich preisen.

—Psalm 50, 15

■ Was wirst du nun tun? Letztendlich und auch am Ende dieses Quadros geht es um *dein* Herz vor Gott und *deine* Beziehung zu ihm. Du entscheidest über deinen weiteren Weg. Du entscheidest, was du mit allen guten und schlechten Erfahrungen, mit allen Erkenntnissen und Fragen anfängst. Eine tolle Gemeinde und ein anregendes geistliches Umfeld sind ohne Zweifel hilfreich – aber sie ersetzen nicht deine persönliche Nachfolge. Umgekehrt sind eine Gemeindekrise oder die Begegnung mit Heuchlern keine akzeptable Begründung dafür, sich von Gott zurückzuziehen. Übernimm die Verantwortung für dein Handeln und vertraue dich der Gnade Gottes an.

Anhand der vier Wochenthemen dieses Quadros kannst du noch einmal das Wichtigste reflektieren: Wie gut kennst du Gott? Weißt du, wen du anbetest? Wie viel Wunschdenken, wie viel Unsicherheit steckt in deinem Gottesbild? Mit welchen Hemmungen und Blockaden kämpfst du? Welche Sehnsüchte verbindest du mit Gott? Was treibt dich an? Bist du frei und authentisch in deiner Anbetung? Als nächstes: Wo musst du deinen Horizont erweitern? Welche Fertigkeiten solltest du ausbauen? Schließlich: Wie sieht dein Anbetungsleben aus? Welche Lebensbereiche kannst du noch nicht mit der Anbetung Gottes verbinden? Welche Auswirkungen möchtest du praktisch sehen? Nimm dir Zeit, Gott dein Herz auszuschütten, deine Liebe, deine Gedanken und Empfindungen. Jetzt. Genau da, wo du gerade bist.

■ **Denk mal**

Wenn du dich für einen der 28 Impulse entscheiden müsstest – welcher wäre der wichtigste?

■ **Mach mal**

Wie wirst du dir merken, was dir durch das Lesen, Nachdenken und Ausprobieren wichtig geworden ist?

Was mir wichtig ist ...

- Das möchte ich mir merken:

- Das möchte ich ausprobieren:

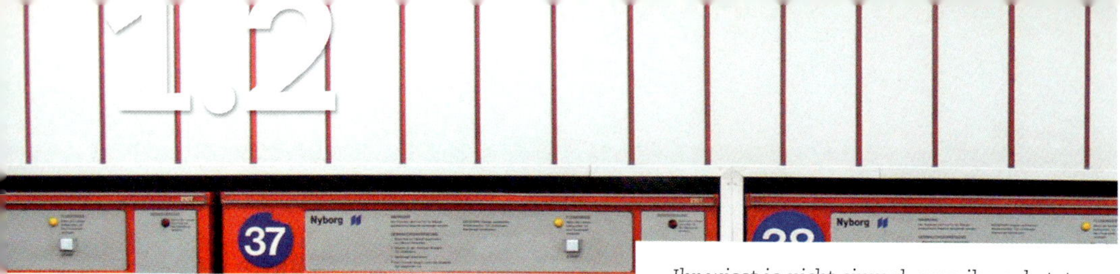

1.2 Gott kennen

Ihr wisst ja nicht einmal, wen ihr anbetet. Wir aber wissen, zu wem wir beten.
—Johannes 4, 22a

■ Die Qualität unserer Anbetung hängt davon ab, wie gut wir Gott kennen. Die schönste Musik, die tiefsten Gefühle, der lauteste Gesang sind nichts nütze, wenn sie sich nur an einen eingebildeten Empfänger richten. Keine Frau der Welt könnte mit den Komplimenten eines Mannes etwas anfangen, wenn dieser ganz offensichtlich eine völlig andere Person dabei im Kopf hat. Manchmal hat man den Eindruck, dass Verletzungen und Wunschdenken erheblichen Einfluss darauf haben, wie wir den Gott wahrnehmen, den wir anbeten.

In Beziehungen – zu Menschen wie zu Gott – gibt es keine Abkürzungen. Gott kennenzulernen ist nicht einfach und geht nicht von heute auf morgen. Man muss dabei viele falsche Bilder loslassen, und das kann ein sehr langwieriger Prozess sein. Das müsste man fairerweise jedem Menschen sagen, der sich für ein Leben mit Gott entscheidet. Das ist aber auch das Tolle, dass es mit dem Kennenlernen nie ein Ende hat. Wie aber lernst du Gott wirklich kennen? Wichtig ist, dass du alle zur Verfügung stehenden Wege nutzt. An der Bibel führt keiner der Wege vorbei, egal ob es das Gebet, Bücher, Predigten, Eingebungen, die Natur oder das Gespräch mit anderen ist. Wir brauchen auch die Hilfe anderer Menschen auf unserem Weg mit Gott, wenn wir nicht Gefahr laufen wollen, uns in selbstgemachte Bilder zu verlieben. In Lobpreis und Anbetung mit anderen schärft sich unser Blick. Wir hören und entdecken tiefer, wer Gott ist, wie er ist, was er will und tut.

■ **Denk mal**

Woher weißt du, dass deine Vorstellung von Gott richtig ist? Woher hast du deine Bilder von Gott?

■ **Mach mal**

Unterhalte dich mal mit jemandem, bei dem/der du das Gefühl hast, dass er/sie Gott anders kennt als du. Vergleicht eure Wahrnehmung.